Cuaderno para Monedita de oro

DR. CÉSAR VARGAS

Este libro es una obra de desarrollo personal con fines educativos e informativos. Las ideas, ejercicios y sugerencias aquí presentadas no sustituyen asesoría profesional de tipo psicológico, médico, legal o financiero. El lector asume plena responsabilidad por la forma en que aplica la información contenida en esta obra.

Primera edición: 2026

ISBN: 978-1-939180-09-4

Diseño de portada e interior: Dr. César Vargas

Publicado por Veritas Invictus Publishing

Para información adicional, recursos y el cuaderno complementario:

Libro**Monedita**De**Oro**.com/Cuaderno

ISBN: 978-1-939180-09-4

CONTENIDO

Cómo usar este Cuaderno

Este Cuaderno es la extensión práctica del libro. Cada sección corresponde a los EJERCICIOS PRÁCTICOS que aparecen al final de cada capítulo. Primero lees el capítulo, y luego vienes aquí a trabajarlo. Esa secuencia es clave, porque las preguntas están diseñadas para activar lo que acabas de comprender y convertirlo en algo aplicable.

Leer te da perspectiva. Escribir te da claridad. Aplicar te da cambio.

1. Sigue el orden del libro

Avanza capítulo por capítulo. Después de leer cada uno, dirígete a la sección correspondiente en este Cuaderno y completa los ejercicios. Evita adelantarte sin haber leído el capítulo relacionado porque perderías el contexto que hace que las preguntas funcionen.

2. Escribe desde la experiencia, no desde la teoría

No busques "responder bien". Responde desde lo que realmente te ocurre. Estos ejercicios no evalúan conocimiento (no hay un "examen final"); revelan patrones. Lo valioso no es la respuesta correcta; es la respuesta honesta.

3. No edites lo que surge

Permite que las ideas fluyan sin corregirlas de inmediato. Muchas de las respuestas más útiles aparecen cuando dejas de controlar el proceso. Escribe incluso lo que no suena perfecto. Ahí suele haber información importante.

4. Conecta cada ejercicio con tu vida actual

Cada pregunta tiene sentido cuando la llevas a situaciones reales: conversaciones recientes, decisiones que estás tomando, relaciones que estás viviendo. Mientras más específico seas, más claro será el resultado.

5. Observa patrones a lo largo del Cuaderno

A medida que avances, notarás temas que se repiten: formas de reaccionar, creencias, hábitos de comunicación. No los juzgues. Obsérvalos. Esa repetición es una señal de dónde enfocar tu atención.

6. Tómate el tiempo necesario

Algunos ejercicios se responden rápido. Otros requieren pausa. Puedes trabajar uno al día o varios en una misma sesión. Lo importante no es la velocidad; lo importante es tu presencia.

7. Regresa y relee

Después de algunos días o semanas, vuelve a lo que escribiste. Lo que hoy ves de una manera, mañana puede tener otro significado. Esa diferencia es evidencia de evolución.

8. Lleva lo escrito a la práctica

Este Cuaderno no se limita a la página. Observa cómo lo que escribes influye de manera sutil o contundente en tus conversaciones, en cómo estableces límites, en cómo eliges a quién escuchar. La transformación ocurre cuando lo aplicas.

9. Repite el proceso en un nuevo ciclo

Cuando completes todos los ejercicios, puedes comenzar de nuevo con otro Cuaderno. Te aseguro que no será la misma experiencia. Llegarás con más claridad, más conciencia y nuevas referencias. El aprendizaje y el crecimiento son en espiral.

10. Comparte cuando tenga sentido

Puedes utilizar estos ejercicios como punto de partida para conversaciones con tu pareja, familia, amigos o equipo de trabajo. Muchas veces, lo que escribes aquí abre espacios de conexión que antes no existían.

Este Cuaderno no es un complemento. Es el espacio donde el libro se convierte en experiencia.

Y esa experiencia comienza en el momento en que decides escribir con intención.

11. Utiliza los espacios en blanco

Notarás que algunas páginas han sido dejadas intencionalmente en blanco. No es un error ni un espacio vacío.

Es una invitación.

A lo largo del proceso, pueden surgir ideas, recuerdos o reflexiones que no están directamente relacionadas con el ejercicio que estás realizando en ese momento. Puede que te lleguen pensamientos no relacionados que quieran interrumpir tu proceso (resistencia del Subconsciente). En lugar de obstaculizar el fluir, puedes anotarlas en esas páginas y regresar a ellas después.

También puedes utilizar esas páginas para profundizar, escribir más allá del espacio asignado o simplemente dejar que aparezca lo que necesite expresarse.

Porque no todo lo valioso ocurre cuando se te pide.

A veces aparece cuando le das espacio.

ANTES DE COMENZAR

Este Cuaderno está diseñado para acompañarte paso a paso, capítulo por capítulo.

Cada sección corresponde a los ejercicios prácticos del libro, y su propósito es ayudarte a llevar las ideas a tu experiencia personal.

No necesitas hacerlo perfecto.

Sólo necesitas hacerlo presente.

Habrá momentos en los que las respuestas serán claras; otros que requerirán más reflexión.

Ambos son parte del proceso.

Avanza a tu propio ritmo. Recuerda que la única competencia verdadera es entre el tú de ayer con el tú de hoy; el tú de la semana pasada con el tú de la próxima semana; el tú del año pasado con el tú en el que te estas convirtiendo momento a momento.

Escribe con honestidad.

Y permite que lo que descubras aquí influya en lo que haces allá afuera.

Puedes comenzar ahora.

CAPÍTULO 1 – EL MITO DE AGRADARLE A TODOS

EJERCICIOS PRÁCTICOS

Observa durante los próximos días en qué situaciones sientes la necesidad de "quedar bien". No intentes cambiarlo de inmediato. Sólo identifica los momentos. Nota con quién sucede, en qué contexto y qué estás tratando de evitar o conseguir en ese instante.

Luego, toma un momento y escribe cinco personas o grupos a los que sientes que "debes" caerles bien. A un lado de cada uno, describe qué haces diferente cuando estás con ellos. Permite que emerja con honestidad qué partes de ti estás ajustando, suavizando o dejando fuera.

El espacio en blanco siguiente no está vacío.

Está disponible.

A continuación, completa la frase siguiente diez veces, sin detenerte demasiado a pensar: "Si no me preocupara caerle bien a todos, yo sería más…". Deja que cada respuesta fluya, y profundice un poco más que la anterior. Cuando lo haces bien, este ejercicio suele revelar aspectos importantes de tu identidad que han estado esperando espacio.

Finalmente, durante las próximas veinticuatro horas, introduce pequeñas decisiones de autenticidad. Expresa una opinión que normalmente suavizarías, establece un límite donde antes cederías o permite que tu reacción sea un poco más genuina de lo habitual. Observa no sólo la respuesta externa sino, sobre todo, cómo cambia tu experiencia interna.

CAPÍTULO 2 – EL COSTO EMOCIONAL DE COMPLACER

EJERCICIOS PRÁCTICOS

1. El registro de los "sí" automáticos

Durante un día completo, observa:

Cada vez que dices "sí", pregúntate internamente:

"¿Es este un sí genuino, o un sí por evitar conflicto?"

Al final del día (o inmediatamente después, si tienes el Cuaderno), anota:

- ¿Cuántos "sí" fueron auténticos?
- ¿Cuántos fueron automáticos?

Sin juzgar… sólo observa.

2. El "no" elegante

Practica estas tres formas de decir "no" sin generar fricción:

- "En este momento no puedo, pero gracias por considerarme."
- "Prefiero no hacerlo así, ¿podemos explorar otra opción?"
- "No es algo que pueda tomar ahora."

Repítelas en voz alta.

Siente cómo se acomodan en ti, y te empoderan.

3. Micro-límites conscientes

Elige una situación pequeña en tu día donde normalmente cederías, y haz algo distinto.

No necesitas confrontar. Sólo necesitas ajustar.

Puede ser:

- Expresar una preferencia
- Tomarte más tiempo antes de responder
- No justificarte de más

Observa la reacción externa…

y tu reacción interna.

4. Reconexión contigo

Toma unos minutos y escribe:

"Cuando dejo de complacer, lo que realmente quiero es…"

Completa esa frase al menos 10 veces, profundizando más con cada frase posterior. Y luego lee tus respuestas como si alguien importante te estuviera hablando.

A continuación, completa la frase siguiente diez veces, sin detenerte demasiado a pensar: “Si no me preocupara caerle bien a todos, yo sería más…”. Deja que cada respuesta fluya, y profundice un poco más que la anterior. Cuando lo haces bien, este ejercicio suele revelar aspectos importantes de tu identidad que han estado esperando espacio.

Finalmente, durante las próximas 24 horas, introduce pequeñas decisiones de autenticidad. Expresa una opinión que normalmente suavizarías, establece un límite donde antes cederías o permite que tu reacción sea un poco más genuina de lo habitual. Observa no sólo la respuesta externa, sino, sobre todo, cómo cambia tu experiencia interna.

CAPÍTULO 3 – LA TRAMPA DEL "QUÉ DIRÁN"

Ejercicios prácticos

Observa durante los próximos dos días cada decisión que tomes donde aparezca, aunque sea ligeramente, la pregunta "¿qué van a pensar?". No intentes cambiar nada de inmediato. Sólo identifica los momentos. Anótalos en tu Cuaderno. Reconoce en qué contextos aparece con más frecuencia y con qué tipo de personas.

Luego, elige tres de esas situaciones y pregúntate con precisión: "¿De quién estoy buscando aprobación, exactamente?" Escribe nombres concretos. Esto suele revelar que el "todo mundo" es, en realidad, un grupo mucho más reducido.

En una situación futura donde normalmente te limitarías por el "qué dirán", introduce una pequeña variación. No necesitas hacer algo extremo. Basta con expresar una opinión ligeramente más honesta, tomar una decisión un poco más alineada contigo o reducir el filtro con el que normalmente te presentas. Observa la reacción real, no la imaginada.

Finalmente, practica este reencuadre cada vez que percibas juicio o anticipes crítica: "Esto es una opinión, no una definición." Permite que tu mente explore esa diferencia. Con el tiempo, esa distinción comienza a generar espacio. Y en ese espacio, aparece algo que muchas personas han estado buscando sin saberlo:

Libertad para actuar sin estar constantemente condicionados por la mirada ajena.

CAPÍTULO 4 – EL PODER DE LA EMPATÍA ESTRATÉGICA

Ejercicios prácticos

En tu próxima conversación importante, haz un cambio simple pero significativo. En lugar de pensar en lo que vas a responder mientras la otra persona habla, dirige toda tu atención a comprender. No sólo las palabras, sino el tono, el ritmo y la emoción detrás de lo que está diciendo.

Después de que la persona termine de hablar, en lugar de responder de inmediato, parafrasea lo que entendiste. Puedes decir algo como: "Si entiendo bien, lo que te preocupa es…" o "Lo que estás diciendo es que…". Observa la reacción y escríbela en los renglones siguientes. En muchos casos, notarás un cambio inmediato en la calidad de la conexión.

Durante el día, elige al menos dos interacciones donde normalmente responderías rápido, y retrasa tu respuesta unos segundos. Ese pequeño espacio te permite salir del impulso automático y entrar en una escucha más consciente.

Finalmente, después de una conversación, pregúntate: "¿Esta persona se sintió comprendida al hablar conmigo?" No, si estuviste de acuerdo. No, si resolviste algo. Sólo si lograste ese nivel de conexión.

Con el tiempo, empezarás a notar que no necesitas hablar más para generar impacto.

CAPÍTULO 5 - *RAPPORT* — LA MAGIA INVISIBLE

Ejercicios prácticos

Durante tus próximas conversaciones, comienza por observar antes de ajustar. Nota el ritmo de la otra persona al hablar, su tono de voz y su nivel de energía. No intentes cambiar nada de inmediato. Sólo toma conciencia de esos elementos.

En una segunda interacción, introduce un pequeño ajuste. Si la persona habla despacio, reduce ligeramente tu velocidad. Si utiliza un tono más relajado, suaviza el tuyo. Hazlo de forma natural, sin exagerar. El objetivo no es imitar, sino acercarte.

Observa cómo cambia la respuesta. Nota si la conversación se vuelve más fluida, si la otra persona se abre más o si la interacción se siente más cómoda.

En otra situación, presta atención al lenguaje que utiliza la persona. Algunas personas dicen "*veo* lo que quieres decir", otras dicen "*escucho* tu punto" o "*siento* que esto es importante". Sin forzarlo, incorpora palabras similares en tu respuesta. Esto genera una sensación adicional de conexión.

Finalmente, después de una conversación, reflexiona brevemente: ¿En qué momento sentiste mayor conexión? ¿Qué estaba ocurriendo en ese instante?

Con el tiempo, comenzarás a reconocer patrones. Y cuando los reconoces, puedes replicarlos.

Y cuando los replicas, la conexión deja de ser casualidad y se convierte en habilidad.

CAPÍTULO 6 – ESCUCHAR COMO POCOS LO HACEN

EJERCICIOS PRÁCTICOS

Durante las próximas conversaciones, elimina un hábito específico: no interrumpas. Permite que la otra persona termine completamente su idea antes de responder. Aunque sientas el impulso de intervenir, obsérvalo y déjalo pasar. Este simple ajuste cambia más de lo que parece.

En al menos dos conversaciones del día, practica parafrasear antes de responder. Resume brevemente lo que entendiste y compártelo con la otra persona. Esto no sólo confirma comprensión, sino que genera una sensación inmediata de conexión.

Introduce pausas conscientes antes de responder. Después de que la otra persona termine de hablar, espera uno o dos segundos. Ese espacio te permite salir de la reacción automática y entrar en una respuesta más clara.

Finalmente, al terminar una conversación, pregúntate: ¿Escuché para responder, o escuché para entender? No como juicio, sino como observación. Con el tiempo, esta simple pregunta comienza a transformar tu manera de comunicar.

Y cuando tu forma de escuchar cambia, también cambia la forma en que los demás se comunican contigo.

Y eso transforma la calidad de todas tus relaciones.

CAPÍTULO 7 – CÓMO CAER BIEN SIN SER FALSO

Ejercicios prácticos

Durante los próximos días, observa en qué situaciones sientes que estás "actuando" para caer bien. No cambies nada de inmediato. Sólo identifica los momentos donde tu comportamiento no se siente completamente alineado contigo.

Luego, escribe en tu Cuaderno tres situaciones recientes donde no expresaste lo que realmente pensabas. A un lado, escribe cómo lo hubieras dicho si hubieras buscado ser auténtico, pero respetuoso. Este ejercicio entrena la capacidad de expresión calibrada.

En una conversación futura, elige expresar una opinión real que normalmente suavizarías. No necesitas ser confrontativo; sólo ligeramente más honesto. Observa la reacción. En muchos casos, descubrirás que la conexión aumenta, no disminuye.

Finalmente, al terminar el día, pregúntate: ¿Hoy fui consistente entre lo que pensé, sentí y expresé? No como juicio, sino como referencia. Con el tiempo, esta alineación comienza a fortalecer tu presencia.

Y cuando tu presencia se vuelve clara, ya no necesitas esforzarte tanto por caer bien, porque las personas comienzan a percibir algo más profundo. Algo que no se puede fingir. Algo que, cuando está, se nota.

CAPÍTULO 8 – EL LENGUAJE QUE ABRE PUERTAS

EJERCICIOS PRÁCTICOS

Durante los próximos días, observa tu lenguaje sin intentar cambiarlo de inmediato. Nota especialmente cuándo utilizas expresiones como "tengo que…", "no puedo…", "es difícil…" o "esto no funciona". No trates de cambiarlos todavía; sólo registra los patrones.

En una segunda etapa, introduce pequeñas sustituciones. Cambia "tengo que…" por "elijo…", "no puedo…" por "aún no sé cómo…", "es difícil…" por "es un reto…". Observa cómo cambia tu estado interno al hacerlo.

En conversaciones con otras personas, transforma instrucciones en invitaciones. En lugar de decir "Haz esto", prueba con "¿Te parece si intentamos esto?". Evalúa la diferencia en la respuesta de la otra persona.

Finalmente, antes de comunicar una idea importante, tómate unos segundos para preguntarte: ¿La forma en que voy a decir esto, abre o cierra la conversación? Ese pequeño espacio de consciencia suele ser suficiente para ajustar el lenguaje de manera efectiva.

CAPÍTULO 9 – CARISMA APRENDIDO

Ejercicios prácticos

Durante los próximos días, presta atención a tu nivel de presencia en conversaciones. Elimina distracciones visibles, especialmente el uso del teléfono, y entrena el hábito de estar completamente presente en el momento. Observa cómo cambia la calidad de la interacción.

Graba una breve intervención tuya hablando sobre un tema sencillo. No para evaluar el contenido, sino la forma. Observa tu claridad, tu ritmo, tus pausas y tu lenguaje corporal. Identifica un solo aspecto a mejorar y trabájalo en la siguiente interacción.

En una conversación importante, reduce ligeramente la velocidad de tu habla. Introduce pausas intencionales. Esto no sólo mejora la claridad, también proyecta mayor seguridad.

Finalmente, al interactuar con alguien, cambia tu enfoque de "¿Cómo estoy siendo percibido?" a "¿Qué experiencia está teniendo esta persona al hablar conmigo?". Este ajuste, aunque sutil, transforma la calidad de tu presencia.

CAPÍTULO 10 – LOS *HATERS* EXISTEN… Y SIEMPRE EXISTIRÁN

EJERCICIOS PRÁCTICOS

Recuerda una crítica reciente que te haya afectado. Escríbela exactamente como la recuerdas. Luego, analízala con distancia y sobriedad. Identifica si contiene información específica que puedas utilizar o si es una generalización sin fundamento claro. Esta distinción reduce el impacto emocional.

Después de eso, escribe dos posibles interpretaciones de esa misma crítica. Una desde la perspectiva de mejora, otra desde la idea de proyección. Este ejercicio entrena la flexibilidad mental y evita respuestas automáticas.

Durante los próximos días, cuando recibas un comentario negativo, introduce una pausa antes de reaccionar. No respondas de inmediato. Observa lo que ocurre internamente. Esta pausa crea espacio para elegir cómo interpretar.

Finalmente, define con claridad a quién decides escuchar. Escribe tres tipos de personas cuya opinión consideras valiosa. Personas con experiencia, criterio o intención constructiva. Esto te permitirá filtrar mejor la información que recibes.

CAPÍTULO 11 – PROYECCIÓN EMOCIONAL

EJERCICIOS PRÁCTICOS

Recuerda una situación reciente donde alguien reaccionó de forma que te pareció desproporcionada. Escríbela con detalle. Luego, analiza posibles factores que podrían haber influido en esa reacción más allá de lo inmediato. No hagas esto para justificar, sino para ampliar la interpretación.

....

....

....

....

....

....

....

En otra situación, identifica una reacción tuya que haya sido intensa. Pregúntate con honestidad si corresponde únicamente al momento actual o si hay experiencias previas influyendo. Este ejercicio entrena la autoconciencia.

....

....

....

....

....

....

Durante los próximos días, cuando percibas una reacción fuerte en otra persona, introduce una pausa antes de responder. Observa sin interpretar de inmediato. Considera distintas posibilidades. Este pequeño espacio cambia la calidad de tu respuesta.

Finalmente, formula al menos una pregunta exploratoria en una conversación donde normalmente reaccionarías. Haz preguntas que inviten a entender, no a confrontar. Observa cómo cambia la interacción.

CAPÍTULO 12 – ELEGIR A QUIÉN SÍ QUIERES AGRADAR

Ejercicios prácticos

Haz una lista de las personas cuya opinión influye actualmente en tus decisiones. Escríbelas sin filtrar. Luego, revisa cada nombre y pregúntate si esa persona tiene el contexto, la experiencia o la intención para que su opinión sea realmente relevante. Ajusta la lista con base en ese criterio.

Clasifica tus relaciones en tres categorías: personas que te impulsan, personas neutrales y personas que tienden a generar desgaste; no como juicio, sino como observación. Este ejercicio te permitirá ver con mayor claridad dónde estás invirtiendo tu energía, y el rédito de esta inversión.

Durante esta semana, toma al menos una decisión importante considerando únicamente la opinión de las personas que has identificado como relevantes. Observa cómo cambia tu claridad cuando reduces el ruido externo.

Finalmente, después de una interacción significativa, pregúntate si esa relación contribuye a la persona en la que te estás convirtiendo. Esta pregunta, repetida con el tiempo, comienza a reorganizar tus prioridades.

CAPÍTULO 13 – AUTOESTIMA SÓLIDA: TU VALOR NO DEPENDE DEL APLAUSO

Ejercicios prácticos

Haz una lista de logros personales que no dependan de la validación de otros. Pueden ser decisiones que tomaste, hábitos que mantuviste o procesos que completaste. El objetivo es identificar evidencias internas de consistencia.

Durante los próximos días, observa en qué momentos buscas aprobación antes de actuar. No intentes cambiarlo de inmediato. Sólo identifica las situaciones. Esta observación es el primer paso para modificar el patrón.

En una decisión próxima, reduce la consulta externa. Toma la decisión basándote en tu propio criterio, y luego evalúa el resultado. Este ejercicio fortalece la referencia interna.

Finalmente, establece un compromiso pequeño contigo mismo y cúmplelo. No tiene que ser algo complejo. Puede ser una acción cotidiana simple. Lo importante es sostenerlo. Cada cumplimiento refuerza la percepción de valor interno.

CAPÍTULO 14 – LOS LÍMITES INDICAN RESPETO: DECIR "NO" TAMBIÉN ES UNA FORMA DE CONEXIÓN

EJERCICIOS PRÁCTICOS

Recuerda una situación reciente en la que aceptaste algo que en realidad no querías hacer. Escríbela y luego redacta cómo hubieras expresado un "no" claro y respetuoso en ese momento. Este ejercicio entrena la formulación sin presión.

Durante los próximos días, identifica al menos una situación donde puedas establecer un límite pequeño. No tiene que ser complejo. Puede ser ajustar un horario, expresar una preferencia o rechazar una solicitud menor. Observa tanto la reacción externa como tu experiencia interna.

Practica decir "no" en voz alta utilizando frases simples y directas, sin explicaciones largas. El objetivo no es convencer, es comunicar. Esto fortalece tu seguridad al momento de aplicarlo en situaciones reales.

Finalmente, después de establecer un límite, observa qué cambia. No sólo en la otra persona, sino en tu nivel de claridad. Con el tiempo, comenzarás a notar que decir "no" no reduce tus relaciones, las mejora.

CAPÍTULO 15 – CÓMO CAERLE BIEN A QUIEN IMPORTA

EJERCICIOS PRÁCTICOS

Haz una lista de las cinco personas con las que más interactúas actualmente. Observa qué tipo de influencia tiene cada una en tu forma de pensar, en tu estado emocional y en tus decisiones. Este ejercicio te da una referencia clara de tu entorno inmediato.

Identifica tres personas con las que te gustaría fortalecer la relación. No necesariamente por conveniencia, sino por alineación. Define una acción concreta para acercarte: una conversación, una invitación o un seguimiento pendiente.

Durante la próxima semana, reduce de forma consciente el tiempo que dedicas a interacciones que no aportan valor claro. No se trata de eliminar relaciones, sino de ajustar la inversión de energía.

Finalmente, después de una interacción importante, pregúntate si esa relación contribuye a la dirección que quieres construir. Esta pregunta, aplicada de forma constante, comienza a refinar tu criterio.

CAPÍTULO 16 – RELACIONES QUE MULTIPLICAN: DAR VALOR ANTES DE ESPERAR RESULTADOS

EJERCICIOS PRÁCTICOS

Identifica tres personas en tu entorno con las que te gustaría fortalecer la relación. Para cada una, escribe una forma específica en la que podrías aportar valor. No algo general, sino algo relevante para su contexto actual.

Durante la próxima semana, ejecuta al menos una de esas acciones sin anunciarla ni esperar respuesta inmediata. Observa el efecto en la dinámica de la relación.

En tus conversaciones, introduce una pregunta adicional: "¿Qué necesita esta persona en este momento?" Esta simple observación cambia la forma en que participas en la interacción.

Finalmente, revisa tus relaciones actuales y distingue cuáles tienen intercambio y cuáles no. Ajusta tu inversión de energía en función de esa observación. No todas las relaciones deben crecer al mismo ritmo.

CIERRE Y REINICIO

Ahora que has llegado hasta aquí, ya no eres la misma persona que comenzó este Cuaderno.

No sólo por lo que escribiste, sino por lo que viste. Por lo que reconociste. Por las conversaciones internas que tuviste contigo mismo en estas páginas. A lo largo de este proceso, no te limitaste a leer ideas; las llevaste a la práctica, las contrastaste con tu experiencia y, sobre todo, comenzaste a observarte con mayor claridad.

Eso, por sí solo, ya es un logro significativo.

Has identificado patrones. Has puesto en palabras concretas lo que antes era difuso. Has tomado conciencia de momentos en los que buscabas aprobación, de cómo reaccionabas ante ciertas situaciones y de cómo puedes elegir responder de manera distinta. También has comenzado a notar qué relaciones suman, cuáles drenan y, quizás lo más importante, desde dónde quieres construir a partir de ahora.

Este Cuaderno no es un simple registro.

Es evidencia de evolución.

Y, al mismo tiempo, es un punto de partida.

Porque el desarrollo personal no es un evento lineal. Es un proceso en espiral. Vuelves a los mismos temas, pero desde un nuevo nivel de conciencia. Observas las mismas situaciones, pero con una interpretación distinta. Tomas decisiones similares, pero desde un lugar más claro.

Hay una idea antigua que lo resume con precisión: No te puedes bañar en el mismo río dos veces. El río cambia; y tú también.

Eso significa que, cuando vuelves a recorrer este proceso —cuando vuelves a tomar un Cuaderno, a responder las preguntas, a escribir sin filtro— no repetirás la experiencia. La profundizarás. La afinarás. La harás más tuya.

Porque ahora ya no empiezas desde cero.

Empiezas desde evolución.

Por eso, cuando completes estas páginas, puedes hacer algo sencillo y poderoso: Comenzar de nuevo. No como repetición, sino como refinamiento. No como obligación, sino como decisión.

Un nuevo Cuaderno.

Un nuevo ciclo.

Una nueva capa de claridad y avance.

También puedes compartir este proceso. Muchas de las ideas que has trabajado aquí cobran aún más fuerza cuando se conversan, cuando se contrastan, cuando se exploran en conjunto. Puedes hacerlo con tu pareja, con tu familia, con amigos, con colegas o con tu equipo de trabajo. Porque crecer de forma individual es valioso; pero crecer en comunidad lo potencia geométricamente.

Este Cuaderno, en equipo, puede ser el inicio de conversaciones que antes no ocurrían.

De niveles de honestidad que antes no se exploraban.

De relaciones más conscientes.

Y si en algún momento decides llevar este trabajo a un siguiente nivel, también existe la posibilidad de hacerlo de forma guiada. Estos principios pueden aplicarse no sólo a nivel personal, sino en grupos, organizaciones, equipos de liderazgo, empresas, instituciones educativas o comunidades que buscan mejorar su comunicación, su claridad interna y su forma de relacionarse.

Porque, al final, todo esto se resume en una idea sencilla:

La forma en que te entiendes a ti mismo transforma la forma en que te relacionas con los demás.

Y ese proceso no termina aquí.

Continúa:

- Cada vez que eliges con mayor intención.
- Cada vez que te escuchas con mayor honestidad.
- Cada vez que actúas desde mayor claridad.

Así que cuando cierres este Cuaderno, hazlo sabiendo que no es un final.

Es un punto de avance.

Y desde ahí, el siguiente paso es tuyo.

HOJA DE PEDIDO AL REVERSO

Veritas Invictus Publishing

HOJA DE PEDIDO

Deseo obtener más ejemplares del ***Cuaderno de Monedita de oro*** para mí y/o para mis familiares, amigos y demás personas a quienes les interesa el crecimiento personal.

Nombre: ____

Domicilio: ____

Ciudad: ______________________ Edo.: ______________________

País: ________________________ C.P.: ______________________

Correo electrónico (para confirmación): ______________________

Comentarios (adicionales al reverso): _______________________

Cantidad _______ X $11.99 (USD) Subtotal $__________

Envío y manejo	EE.UU. y Canadá	$ 9.50
	A América Latina	$ 17.50
	Resto del mundo	Preguntar

Email: info@Libro**Monedita**De**Oro**.com

Total adjunto (USD) $__________

Envía esta hoja con tu pago a:

VERITAS INVICTUS PUBLISHING
8502 East Chapman Avenue # 302
Orange, California 92869
United States

ISBN: 978-1-939180-09-4

Para comprar por Internet con tarjeta de crédito, visita:
www.Libro**Monedita**De**Oro**.com/Cuaderno

Made in the USA
Coppell, TX
08 June 2026

79263310R00046